Editora Appris Ltda.
1.ª Edição - Copyright© 2023 dos autores
Direitos de Edição Reservados à Editora Appris Ltda.

Nenhuma parte desta obra poderá ser utilizada indevidamente, sem estar de acordo com a Lei nº 9.610/98. Se incorreções forem encontradas, serão de exclusiva responsabilidade de seus organizadores. Foi realizado o Depósito Legal na Fundação Biblioteca Nacional, de acordo com as Leis nos 10.994, de 14/12/2004, e 12.192, de 14/01/2010.

Catalogação na Fonte
Elaborado por: Josefina A. S. Guedes
Bibliotecária CRB 9/870

G182a 2023	Galvão, Carlos Fernando 　　Ampulheta / Carlos Fernando Galvão, Mário Galvão. – 1. ed. – Curitiba : Appris, 2023. 　　134 p. ; 21 cm. 　　ISBN 978-65-250-4500-9 　　1. Poesia brasileira. 2. Vida. 3. Percepção. 4. Alegria. I. Galvão, Mário. II. Título. 　　　　　　　　　　　　　　　　　　　　　　　CDD – B869.1

Editora e Livraria Appris Ltda.
Av. Manoel Ribas, 2265 – Mercês
Curitiba/PR – CEP: 80810-002
Tel. (41) 3156 - 4731
www.editoraappris.com.br

Printed in Brazil
Impresso no Brasil

Carlos Fernando Galvão
Mário Galvão

AMPULHETA

FICHA TÉCNICA

EDITORIAL	Augusto Vidal de Andrade Coelho
	Sara C. de Andrade Coelho
COMITÊ EDITORIAL	Marli Caetano
	Andréa Barbosa Gouveia (UFPR)
	Jacques de Lima Ferreira (UP)
	Marilda Aparecida Behrens (PUCPR)
	Ana El Achkar (UNIVERSO/RJ)
	Conrado Moreira Mendes (PUC-MG)
	Eliete Correia dos Santos (UEPB)
	Fabiano Santos (UERJ/IESP)
	Francinete Fernandes de Sousa (UEPB)
	Francisco Carlos Duarte (PUCPR)
	Francisco de Assis (Fiam-Faam, SP, Brasil)
	Juliana Reichert Assunção Tonelli (UEL)
	Maria Aparecida Barbosa (USP)
	Maria Helena Zamora (PUC-Rio)
	Maria Margarida de Andrade (Umack)
	Roque Ismael da Costa Güllich (UFFS)
	Toni Reis (UFPR)
	Valdomiro de Oliveira (UFPR)
	Valério Brusamolin (IFPR)
SUPERVISOR DA PRODUÇÃO	Renata Cristina Lopes Miccelli
ASSESSORIA EDITORIAL	Priscila Oliveira da Luz
REVISÃO	Camila Moreira
	Alana Cabral
PRODUÇÃO EDITORIAL	Bruna Holmen
DIAGRAMAÇÃO	Renata C. L. Miccelli
CAPA	Sheila Alves

AGRADECIMENTOS

Agradeço à vida por ter me ofertado os pais que tive, meus melhores amigos, Norma Gomes de Queirós (1940-2014), professora de História e mãe zelosa, e Mário Galvão (1940-2018), que, tendo publicado em vida, em livros passados, poemas comigo, seu filho saudoso, fecha, agora, o ciclo de publicações. Ambos estão muito vivos em meu coração.

Agradeço à Edissa Fragoso da Silva, esposa de papai, que o ama, ainda, e que foi esposa dedicada, além de mãe postiça, como de brincadeira a chamo, posto que, de coração, também se tornou amiga de mamãe, dando, as duas, exemplo do amor que viceja nos corações femininos.

Agradeço à Bárbara Pinheiro, minha mulher, pelo amor, dedicação, amizade e cumplicidade, mas talvez, e até especialmente, pela compreensão com esse ser estranho, um tanto "E.T.", como me definiu, de brincadeira, um amigo, suposta condição que assumi com galhardia. Dedico esta obra a ela, pois, que alegra minha vida com sua risada gostosa.

Agradeço à Fátima de Paula, a Fatipola, minha filha, minha estrelinha no manto núbio das incertezas futuras, hoje com 14 anos, a iluminar meus caminhos de vida.

Agradeço aos amigos, de sangue ou não, que são a família com a qual escolhemos seguir as trajetórias de vida, tempo afora, espaço adentro.

Sem música, a vida seria um erro.
(Friedrich Nietzsche [1844-1900],
filósofo alemão)

*Poesia é, talvez, o mais belo tipo de
harmonia musical dos gêneros literários.*

PREFÁCIO

AMPULHETA

Poesias de Mário Galvão
e de Carlos Fernando Galvão

Conheci **MÁRIO GALVÃO** em tempos do **LICEU DE HUMANIDADES**, na cidade de Campos dos Goytacazes, Rio de Janeiro, onde estudamos no período de 1953 a 1959. Não éramos da mesma turma. Nosso encontro mais próximo, lado a lado, teve lugar no Curso Clássico, no ano de 1957 até 1959, ainda, no verdor dos anos, quando sonhávamos mudar o mundo.

Anteriormente, porém, com ele convivi nas atividades do nosso jornal *Alvorada*, em que era primoroso articulista, e no "Grêmio Literário e Recreativo Professor Rothchild Nogueira", palco das suas declamações, nas tardes de sábado, lugar de inesquecíveis lembranças e, certamente, o verdadeiro laboratório dos nossos ensaios no teatro da vida.

Inteligência admirável. Tinha vocação para as letras. Nasceu poeta. Poeta de mão-cheia.

A deficiência auditiva e a visual não tolhiam seus encantamentos pela vida, também não constituiu obstáculo para a sua caminhada em direção ao Sol.

Nos versos, a mulher, a vida, a morte, o belo e a esperança, os sonhos, os fantasmas da alma, o amor plantado no jardim e cultivado pelas suas próprias mãos, estão os sentimentos de um ser humano grandioso, consciente ainda de sua destinação social.

O poeta plantou árvores, escreveu livros e teve filhos. Construiu sua história, sem demonstrar qualquer queixume nos versos diante do que a vida cruelmente lhe negou.

Era mestre e doutor. Os sonhos da mocidade estão realizados. Este livro consagra o talento de um extraordinário ser humano que venceu a luta pela vida, viveu e amou intensamente.

A questão social não ficou indiferente ao sentir do poeta, que levantou sua voz em defesa da inclusão e dos direitos da pessoa deficiente igual a ele, "[...] lutando na construção de novos saberes e diferentes perspectivas do aprender comprometidos em edificar uma nação mais justa e equitativa, lições que deverão ser herdadas pelas futuras gerações".

Os olhos embaçados pela escuridão do Sol não fizeram falta ao poeta, porque sua mente guardou as impressões que lhe ficaram n'alma.

Carlos Fernando, querido filho e companheiro que acompanha o poeta em seu versejar, também com vigor estético, abre para nós sua alma inquieta e revela emoções de pura sensibilidade, nas incertezas da mocidade e na certeza, porém, de ter acertado o alvo no encontro de seus amores.

Tenho muito orgulho de ter vivido ao tempo de **Mário Galvão de Queirós Filho**, o poeta maior de nosso meio estudantil e, depois, no seio de nossa intelectualidade.

Agradeço muito ao Carlos Fernando o privilégio de ser o primeiro a ler os versos de **Mário Galvão** na poesia **Ampulheta**, exemplo de como deveria ser a própria vida:

"sólida base circular, flexível,
no equilibrar-se em todo chão possível,
do terremoto à placidez vivida".

Agora, Mário, na eternidade, pertence aos leitores.

"Prof. MOTA FILHO"
sem antes ter sido, como Mário me chamava.

José Mota Filho
*Advogado e desembargador aposentado
do estado do Rio de Janeiro*

APRESENTAÇÃO

AMPULHETA

Poesias de Mário Galvão e de Carlos Fernando Galvão

Escrever durante a chegada do ano de 2023 traz na bagagem os acontecimentos que nos envolveram também em 2022. De imediato, utilizo-me da imagem da AMPULHETA como se a areia passasse de 2022 para 2023. Percebo nessa transição, sem dúvida, o momento político que atravessamos no período. Foi como se o texto, a cada linha, começasse a se tornar mais leve, carregado de alegria e de esperança. Pode-se dizer até que são dois textos substancialmente diferentes. Só que, no meio do caminho, quando a areia chega ao tempo futuro, abandono por completo o ambiente sombrio, amargo e escuro de 2022. Esse tempo será mais bem tratado pelo lado da saúde mental e criminal, mantendo os devidos registros históricos para evitarmos os absurdos ocorridos (ainda maculando a chegada do novo ano).

Ao olhar adiante, deixando os resquícios desse triste passado no devido lugar, concentro a minha crença no futuro e estabeleço um desafio: será possível viver de forma efetiva a frase "*estou perto, mesmo estando longe*"? No caso da física, seria necessário recorrer ao teletransporte ou à desmaterialização dos corpos. Pura mistura de ciência e ficção! Outro caminho seria buscar a onipresença divina, que é impedida aos simples mortais, ou quem sabe as religiões que acreditam nos encontros espirituais em outros planos. Confesso que, com meu imperador (como o chamava, carinhosamente), MÁRIO GALVÃO, e com meu amigo-irmão, CARLOS FERNANDO GALVÃO, transcendi em planos ainda não científicos.

Trouxe uma frase de efeito; importante é o seu significado, o enlace que ela nos reserva. Muitas vezes, um afastamento provocado pelos caminhos da vida precisa ser acompanhado de uma ideia que emane algum alento sobre a ausência física: esse estar perto, que acalanta a alma. Em 2003, a mudança para Brasília me forjou o fortalecimento dessa crença. Uma bifurcação entre o estar longe e perto ao mesmo tempo, em que o título **Ampulheta** se encaixa perfeitamente. A areia que deixa o tempo passado se desloca para o futuro, dando uma noção do tempo presente. Interessante perceber que o mesmo grão de areia que está perto, praticamente grudado antes do ato do girar da ampulheta, ficará longe, para, depois, se agarrar novamente. Aqui, posso considerar que existe também um movimento poético.

A minha percepção é a de que nós conseguimos conviver um pouco com essa máxima do tempo *perto-longe* por 20 anos. Estivemos distantes fisicamente, mas escrevemos juntos três livros dedicados aos nossos poemas. Passamos por momentos memoráveis (outros nem tanto) por inúmeras vezes, e o mais importante, os nossos sonhos não envelheceram. Certamente, do outro lado da balança, convivemos com o peso da saudade e de momentos que a distância nos impediu, como a impossibilidade de um abraço. O poema do CARLOS retrata o pêndulo dessa *Balança*:

"Alento vem de quem amamos!
São muletas, mas também as levamos
E numa troca infinita,
O amor nos acalma e agita."

Trata-se somente de uma apresentação de livro e devo ater-me ao espaço delimitado. Precisaria de todas as páginas aqui dispostas para retratar tamanho amor, que *acalma e agita* as nossas vidas. A vida, elemento tão passageiro que insistimos em perpetuar e em procurar explicações para a nossa trajetória. Nas palavras de MÁRIO, seu poema nos ensina algo sobre a vida, que transcende a própria intenção da poesia.

"E todo o tempo, areias, grãos vividos
— sábio como tolo, bom como farsante —
em que se escoa cada um de nós."

Escrever a apresentação do novo livro de CARLOS e MÁRIO é um sobe e desce da areia da **Ampulheta**. Confesso que não sei quando vai terminar e muito menos quando tudo começou, pois éramos recém-nascidos num mesmo endereço, separados apenas pelo teto. Ouço dizer que até essa imagem guarda um poema: o teto de um era o chão do outro. Com o tempo, descobrimos que a chave das portas de nossos apartamentos era a mesma. Não havia segredos! O fato do pouco espaço para escrever algo mais não importa nesse momento, pois aqui será uma forma adicional de traduzir esse amor talhado na amizade. Que giremos ainda muitas vezes a **Ampulheta** de nossas vidas.

Corinto Meffe
Poeta apaixonado pelo Brasil

Pequeno Glossário

Há palavras, nas poesias, que são pouco usuais hoje em dia. Assim, optei pela elaboração do pequeno glossário que poderá ser consultado ao final deste livro.

POESIAS DE
MÁRIO GALVÃO

A AMPULHETA, COM SERENIDADE

Devia ser uma ampulheta, a vida:
sólida base circular, flexível
no equilibrar-se em todo chão possível,
do terremoto à placidez vivida.

Devia ser uma ampulheta, a vida:
o topo circular, perfeito nível
neste acolher do feito mais incrível,
agora em ascensão, logo em caída.

Da base ao topo, esteios tão polidos
quanto é grosseiro o toque do passante
no límpido cristal que é corpo e voz.

E todo o tempo, areias, grãos vividos
— sábio como tolo, bom como farsante —
em que se escoa cada um de nós.

A AMPULHETA, COM SOLENIDADE

Partida a ampulheta,
de seu cristal lapido olhos que vejam
esta mulher que não se encontra em mim
talvez porque
em mim
se encontre o nada

esta mulher que se perdeu de mim
talvez porque
de mim
tudo se perca

esta mulher que não se acha em mim
talvez porque
fora de mim
se ache o que conta.

Pirata do acaso a forjar palavras,
talvez um dia esta mulher garimpe,
em mim,
amor sem conta.

A CASA VIVA

Extensão da casca da gente, a casa
se anima a todo toque dos viventes,
até dos morridos soltos nas ruas,
metidos em ternos de compromissos,
sempre a pautar o seu viver possível
pelos pontos das horas nos relógios
ou taxas de moedas, por papéis.

Pura fortuna, entanto, vive a casa
apenas se eu percebo, te dás conta,
dos fantasmas que trazes, dos que bailam
em minha voz agreste na manhã.

A casa vive apesar dos laudêmios,
a despeito de selos e escrituras,
ciranda ao teu redor nas lamparinas,
nos astrolábios, cântaros, cinzéis
com que marcamos o timbre do riso,
em que colhemos a gota de chuva,
com que esculpimos, como um dom, o amor.

A MORTE APERCEBIDA

> Quanto a mim, sou verme, não homem.
>
> (Salmos, 22:7 — Bíblia de Jerusalém)

> No mar tanta tormenta e tanto dano,
> Tantas vezes a morte apercebida.
> Na terra, tanta guerra, tanto engano,
> Tanta necessidade aborrecida.
> Onde pode acolher-se um fraco humano,
> Onde terá segura a curta vida,
> Que não se arme e se indigne o céu sereno
> Contra um bicho da terra, tão pequeno?
>
> (Camões, Os Lusíadas, Canto I, estrofe 105)

No mar que se arma em vida e se encapela,
na morte apercebida tudo cai:
nós homens, folha e verme — o que se esvai
ao se rasgar de vez a fraca vela.

Para nós preparada, a morte vela
com desvelo de mãe, amor de pai,
por nossos passos no amargor que vai
da uterina à tumular capela.

AMPULHETA

Para nós preparada, a morte chora,
além de cada instante, o fraco humano,
dos bichos o menor de toda a terra:

que folha e verme doam seu agora,
e o bicho humano acolhe-se no engano
da glória apercebida após a guerra.

A MORTE DESAPERCEBIDA

Chegara ao mundo inesperado, por descuido,
bem como a chuva esparsa, breve, no verão,
e assim crescera sem contornos, vago, fluido,
sequer tecendo um rumo nas linhas da mão.

Na roupa à moda, sem requintes nem puídos,
vivera à toa — assim, assado — sem paixão,
sem se atrever a largos voos, sem ruídos,
na mais burguesa inexistência havida em vão.

Tão neutra a face crua, semovente cera,
tão cinza, alienado, a frase distraída,
que à hora de partir, supondo já morrera,
de pronto fez-se nada — e a morte, eis lá, traída:

posto que tanto em morte e vida esmaecera,
que ante ele, achou-se a morte desapercebida.

A MORTE DESPERCEBIDA

Despercebida de história, vozes, raças,
do que mais conta ou não conta, do restante,
do pôr-se em rumo ou da fuga vacilante,
sorri-se a morte de avisos, de ameaças.

Despercebida de nós, ó morte, passas,
despercebida por nós, a todo instante,
em nós de redes ou malhas anulantes
das naus nos cais, de clarim, de cal, desgraças.

Despercebida de ti, a morte arpoa
sem te inquirir se as missões estão cumpridas
e nem por isto é mais dor, que mais te roa,
nem é mais morte, por ti despercebida.

Que mais que em morte, o viver em nós se escoa
por não sabermos da morte, fazer vida.

A MORTE PERCEBIDA

A dor de amor que sangra em cada poro,
amor não há que a vença ou a console,
e nem mesmo paixão, que tudo engole,
engolfa até o tédio em que me escoro.

E tão de amor é mal, que até deploro
que não me chegue a morte, ela que abole
ausência, ânsia, tempo; e torna mole
esta alma, dura rocha em que me ancoro.

Porém não me julgueis lance vencido
de um lírico poeta ensandecente
por mal de amor e morte percebido
ao ver nascer o sol quase poente:

morte insepulta, em trevas embebido,
ressurge o sol em vida, flor, semente.

A SEIVA DA PEDRA

Homem sem tempo, hoje me sei urdido
do fio cru mais cru que se tecia,
do que de mais agreste se sabia,
do texto mais hermético já lido.

Assim fui concebido. Malnascido
me armei em mó, avesso, na vadia
constatação de que em meu jeito havia
o quê de insubmisso do bandido.

E é justo assim que sou, bem como vou
ao torto das marés, me faço ao largo
em mares que não há ventos que domem,

porque, se mais me perco, achado sou;
porque, se em pedra morro, doce amargo,
da pedra nasce o pó — exato, um homem.

ALABANZA DE LA MUJER VERDE

> Verde que te quiero verde.
>
> (Federico García Lorca [1898-1936]
> Poeta e dramaturgo espanhol)

Verde sí, que verde la deseo
como si verde fuera el deseo mismo,
y no un árbol rojo hecho en sangre
a me erigir el cuerpo hacia el aire
donde se halla en oros de alabanza
esa mujer que la deseo verde,
verde asimismo que verde la deseo
envuelto en sol que de su cuerpo emana
como si hubiera verde en lo que creo
sobre la dicha, plata, rocas, hombres;
como si verde fueran, desde el día cero,
todo el viviente y todo el no-pensante;
como si verde hubiera en lo que veo
en mi fracción de tiempo y de universo.

Bien verde, pues, que verde la re-creo
en mi vivir del verso más reverso
del tiempo oscuro que de mí se acerca
— vivir: en bello convertir todo lo feo.

ASSIM COMO ME VÊS

Assim como me vês, eis como sou,
e nada mais que isto: o que me faço
dos cacos do eu de ontem.

Apenas o que sou, eis o que sou:
este jeito de estar como que ausente,
a míope esperança,
as cicatrizes tatuando as costas,
a busca de amor nos poros do nada.

Assim como me vês. Não me procures
lá onde não me encontro e não me encontras,
porque há que ver a mim, não ver em mim
aquele que quiseras que te fosse
ou algo em que pudesses me tornar.

AZUL

Falemos de abandono: sensação
de vaga permanência na partida
ou como quem ficou sem mais estar.

Falemos de abandono: a palma aberta,
a rocha à beira-mar, o rio, o beijo
furtado numa esquina do passado.

Falemos de abandono: a areia ao vento
na praia deserta de toda oferta,
que entanto a ti se entrega na manhã.

Imerso em ti, mais fundo, emerso, imerso,
calemos o ir e vir, opor palavras:
vivamos o abandono, assim, azul.

BALANÇO N.º 1

Em meu curvo percurso,
a transportar meus ocos a parte alguma

seguem meu corpo cortado
a facas de gelo

coração devastado de amores fictícios,
manhãs virtuais
e farpas autênticas

a vesga esperança a duplicar as coisas
até que nem mais sei quais são reais.

No esquivo instante em que me dou balanço
esquizo me encontro, e nada mais me encontro
exceto um não viver inesperança.

BETÁVEN – A CASA DO NADA

> Betáven — A casa do nada
>
> (Gema Benedikt)

Vai lá meu corpo descendo a calçada,
desajeitada massa de ossos longos,
os pés grotescamente se alternando,
tateantes de um rumo para o nada.

Assim como me vês
tu vais pela rua,
vai ela com ele,
também vai meu corpo descendo a calçada,
Sancho e Quixote, Macunaíma,
os óculos grossos fingindo que ainda vejo
que os outros se riem deste meu jeito
de fundir em meus milhares tantos zeros,
de mascarar a brecha essencial.

Lá segue meu corpo descendo a calçada
a ocultar à sombra das palavras
o risco latente
no vácuo lá fora.

Não vês? Este corpo descendo a calçada,
sem mim, é apenas
a casa do nada.

AMPULHETA

CANÇÃO DA TORRE ARRUINADA EM TARDE BRANDA

> *Oisive jeunesse à tout asservie,*
> *par délicatesse j'ai perdu ma vie.*
>
> (Rimbaud — Chanson de la plus haute tour)

A semear o sal nas minhas feridas
percebo-me profeta do caos vivido.

Cravadas nas costas, levo
mortes várias que morri:

morte que não se resigna
ao ver que diante do enigma
— transparente pai — cedi

faleci ao só ter visto
o amigo no irmão já hirto
pelo raio que não vi

morri mal filtrando a seiva
da terra, a ver se bebia
da fonte de onde emergi

finei ao perder a chave
que me abrira as tortas portas
dos mundos que um dia li

de abstêmios e boêmios
joaquins, josés, marias,
sorvi as taças — caí

brusca morte, emudeci
ao fechar-se o dicionário
com que tanto traduzi

quase meio ressurreto
(horrendo som descritivo
do perder-se o que escrevi)
soube esparso pela estrada
o filho que não pari.

Cravadas nas costas, setas
abrem-me atalhos no corpo,
rasgam-me o peito, extravasam
sangue em gesto, e assim me abri:
cá fora, na tarde branda,
tu e um eu que nunca vi;
dentro, veneno injetado
no coração arpoado,
só os dardos que atraí.

Vivente delírio, ritual suicida,
tonta velhice à beleza submissa,
por delicadeza eu perdi minha vida

AMPULHETA

e, tateante do azul já perto da mão,
no salto sobre o abismo explode-me o corpo,
que é pequeno demais, tamanha a paixão.

A semear o sal nas minhas feridas
percebo-me profeta do caos vivido.

Famélica, lúdica, sôfrega, bêbada
fusão de ócio e negócio na tarde branda,
amor se constrói do que pesa e não pesa,
ademais do que, à deriva, conte um nada
exato porque de um nada tudo vem:

porque amor, se é todo urgência, impõe seu tempo
na sincronia do teu e de outro tempo

porque amor é todo instante bem vivido
e é bem morte o fim do amor dentro da gente

que amor, corpo que é, tem pele e tem vãos
a conquistar, apenas, ao toque tênue
do peso da leveza de tuas mãos.

No caos concebido na tarde mais branda
a minha voz já não planta rosas mortas:
junto eu, mais meus outros, os cacos de mim.

CEGUEIRA N.º 1

> *Não vi o frio olhar de quem renega.*
>
> *(Benedicta de Mello [1906-1991]*
> *Poetisa e escritora cega pernambucana)*

Já tive os olhos para ver nascer meus filhos.
Já tive braços para dar-lhes de comer.
Ao recordar o seu sorrir feito sorver
me ressuscito a cada dia: maravilho.

Já vi brotar pingos de sol feitos em milho.
Já vi o mar, de tão alegre, ondas a tecer.
Em caos e cais andei tateando para ver
se existe amor sem nós, sem leis nem trilhos.

Não vejo mais, no espelho, o olhar da vã entrega,
nem este olhar de quem sorvetes vai pedir,
nem mesmo aquele, tão presente, o que se nega.

Porém, já vi o frio olhar de quem renega
sem pressentir que olhos mais frios hão de vir
a demonstrar quem é naufrágio e quem navega.

COMETA

Corpo meu, não cometa
o engano de supor que é sua a luz
que o corpo dela,
puro açoite,
faz vibrar.

Porque não sei de mim,
agora só me sinto
corpo meu,
não cometa,
a percorrê-la em noites
de lua, sem lua
— importa só que é noite
 sem porto ou pernoite
 na cama
 nua.

CONFINS DO CORPO

No centro de ti,
sem fim nem princípios, cravo meu marco,
meu barco solto em ti, mar feito espaço
de nos transportar além dos finitos.

Em teus oceanos,
confins sem princípio, meu corpo lavra
até que em tuas chaves nos descerres,
texto e contexto de nossa tragédia
de tão mortal sabermos o romance,
a ficção de não sermos apenas ilhas.

DA FIDELIDADE

De tanto nada ver no tanto visto
em mim se fundem margens, rio, ponte;
mais longe estou de mim que do horizonte,
sou mais fluido, afinal, do que consisto.

De tanto nada ser, eis lá que existo
como se houvera em mim algo que monte
a pouco mais que o nada, algo que conte
além do perseguir não ser Mefisto.

De tanto perseguir, que mais achara,
nesta aridez de palmas encolhidas,
senão me ser fiel no doido amor

que tanto mais valera, mais ousara,
a descuidar-se das razões perdidas
dos que se perdem sem cuidar de amor?

DISCURSO DO PROSCÊNIO

Estamos no teatro. Vede as gambiarras.
Soados, três sinais acossam a plateia.
A vossos lugares, senhoras, bons senhores!
Para podermos, no rigor, entrar em cena,
solicitamos, da atenção, vossos favores...
Entanto, a bem melhor pensar, nem é preciso,
posto que em nós, e assim em vós, há só atores,
que a vida airada, pleno palco é luz, fanfarras...

ENTREVISTA

Meus prazos pendem,
lágrimas,
no peito da mulher de outrora,
hoje entrevista.

O espaço de viver
— matéria sensível a todo toque —
se comprime chegante ao quase nada
ante o murchar do tempo
nos meus olhos.

Até do mais insólito descrente,
na garganta, gelado, o tédio vai
cortando todo som de circunstância
sem mesmo inquirir se algum discurso
há de restar.

 Fico a mirar na parede o açoite virgem
e te pergunto se as razões de estado,
as razões de ser
ou de não ser,
teriam razões de ainda ser.

FÁBULA CONCISA

Cada palavra que do meu poema expurgo
me espeta acusadores dedos finos, graves
quais vendilhões do templo, injuriadas todas
como se fossem meus, estes excessos delas.

Pior é que, bem sei, cada palavra expulsa
tem sua história de sonho — catarse em chamas —
e seu fantasma a conduzi-la pelas trevas
deste meu jeito de não ser no instante sendo.

Num pincelar de sol afastei adjetivos
como emoções menores, qualidades vagas
dos eus dentro de mim, dos tus dentro dos outros,
e tudo o mais que de elogios carecia.

Neste buscar a ti que é me buscar poema,
no gume da verdade — o homem posto a nu —
retalhei meus advérbios, estes servos tontos,
à solta a bajular quem sente, pensa, faz os feitos.

Assim deixei de usar, também, preposições,
que nada compõem, mas regem meu dizer,
e as conjunções, alcoviteiras damas frívolas
a enredar até, aos ditos, os não ditos.

AMPULHETA

De tantos cortes doídos em meu discurso
resta-me agora, só, conjugar substantivos
e alguns pobres artigos de escassa valia
e escavar, até o cerne, um verbo: viver.

FÁBULA PLUVIAL

A chuva pingou seus anzóis
no mar de hipóteses dos homens,
pescou um samburá de queixas
pela praia frustrada,
os telefones mudos,
o incômodo de andar de guarda-chuva.

    Solerte, com dedos de sol
    a chuva pinçou seus anzóis,
    um a um, das águas do tempo
    — contraditório mar dos homens.

Sorriu então a chuva
delírios de arco-íris,
virada a terra em samburá de queixas
pelo calor, o pó, a seca
nas florestas em chamas,
nas colheitas perdidas,
nas procissões dos retirantes,
em soturnos artigos nos jornais.

AMPULHETA

FAUSTO

> *Então eu direi ao instante passageiro: Pára, és belo!*
>
> (Fausto — Johann Wolfgang Goethe [1749-1832]
> Poeta e escritor alemão)

Se alguma coisa que pedir me for dado,
e, feito o pedido, havê-lo merecera;
ah, se a frustrada esperança reacendera
além da noite, apontando um novo fado;

se, mesmo cego, no avesso enclausurado,
toda a força de me crer eu reouvera,
talvez então no passado se perdera
o meu fardo mais pesado, o do passado!

Se enfim surgira, senhora de ódios, guantes,
tão leve mão que de leve me tocara
qual mão de fada fugida de um castelo,

aí, então, eu da treva retornara
a ordenar, como Fausto, a esse instante
passageiro, fugidio: Pára, és belo!

GÊNESE

> *No princípio Deus criou o Céu e a Terra. Ora, a Terra estava vazia e vaga, as trevas cobriam o abismo e o vento de Deus pairava sobre as águas.*
>
> (Gênesis, 1:1-2 — Bíblia de Jerusalém)

Em círculos vazios e horas vagas
andavas atento,
ou mesmo desatento, que bem pouco importas
ao mover-se das águas ante os teus seixos
— importa é que andavas e no andar vivias
e mais: pressentias.

No princípio era a ordem,
dita natural,
das coisas, dos seres e não seres
que em teus espaços se alastram,
devastam o teu tempo
todo o tempo.

Vazio vagaste por milênios na treva sobre o abismo
e só quando incluíste em teus perceberes
o amor intuído no beijo do vento
na face das águas
te soubeste real.

AMPULHETA

Perdido encontrado entre o céu e a terra,
pinçaste em palavras teus dados, teus cacos,
e da fenda na dobra do tempo e do espaço
mina o poema.

HOJE ESTOU PARA FALAR

Hoje estou para falar sem dizer nada,
sem mesmo ter sentido em pôr sentido
no que as palavras, tontas, ecoassem.

Hoje estou para falar do tango e risco:
o manso caminhar da onça fera
no grávido silêncio da manhã.

Hoje estou para falar em puro jogo,
apenas o discurso o mais vazio,
o impensar mais sentido, o mais vadio,
mais desarmado gesto do viver:
das lavras desertas nas mãos te oferto
meus seres sem escudos de palavras.

HOJE ESTOU PARA OUVIR

Hoje estou para ouvir. Sentar-me assim
tão descuidado num banco de jardim
como se outra coisa não quisesse
ou não houvesse
além de estar sentado, descuidado,
num banco de jardim,
à mesa de um bar,
nos cornos da lua.

Porque estou para ouvir, sei meu destino — amar
as coisas raras:

a liberdade mais cara
conquistada

a secreta beleza cinza
da tarde chuvosa

o solene invisível do urso branco
em campo de gelo.

Hoje estou para ouvir-te falar
do fundamental,
e assim do detalhe,
como sendo a coisa viva,
essencial.

INVENTÁRIO

Posto a criar em meio à plateia,
teu fantasma no espelho escreve canhoto,
põe-te à direita,
"gauche" embora.

Diletante de ambientes, noite afora
praticas as certezas que já tens,
na esperança, talvez, de as ver negadas.

Na torre te apanhas em meio à cidade
bizarramente desperta a horas tantas
e vês que em silêncio — treva em som —
aguardam teu salto.

O cansaço acampa no deserto corpo
e em súbito inventa, o rio te dás conta:
 perdeste os mapas de campos e outeiros.

Mambembe equilibrista,
mas deciso,
inteiro percorres o fio da navalha
— que os olhos não vejam,
 mas que haja horizonte.

JARDINAGEM

Como de costume, de manhãzinha
saí de casa
como se a cama fosse meu jardim.
Como de costume, a manhã inteira,
fui escrever
— espinho e flor: em letras, meu jardim.
Como de costume, ao meio-dia fui almoçar
— na couve-flor há flor, mas não jardim.
Como de costume, vi gente à tarde,
escutei notícias,
mas o que achei, no mundo, de jardim?
Como de costume, tornei a casa à boca da noite
— beijo de amante, a casa, mas jardim...
Como de costume, seiva da noite, plantei amor
e enfim colhi, em ti, o meu jardim.

JOGO DO BOLSO ESQUERDO

Eterno interno, teu menino mapeia,
disfarçado de turista, as ruas de outros dias,
e é como se escutasse, em sobressalto
— Bolso esquerdo!

Voz não existe, bem talvez, mas, desta vez,
sei lá o que daria fosse a voz deveras
a saquear-lhe o bolso, agora em seu proveito,
trato de assalto feito jogo de outras eras.

— Bolso esquerdo!

Interno e externo, teu menino sorriria
e de bom grado, ao deus-dará do bel-prazer,
todo o refugo de si mesmo alijaria
— embora, é certo, um tal butim quem quereria?

— Bolso esquerdo!

Diante da cobrança, sem conversas,
presente de teu pai, entregarias
até o canivete, agora cego
das extrações das farpas mais diversas.

AMPULHETA

Feliz cederias — tonta rolagem —
os teus rolimãs das tardes vadias
e tuas balebas, se, na rolagem,
rolassem-te as fugas, as covardias.

Num gesto sem remorsos nem regresso
darias a foto do amor antigo,
desde que junto fosse o negativo,
mais que em papel, em ti bem fundo impresso.

Sem sustos de certezas que te assaltem
nem palmas por proezas que te exaltem,
davas teu ouro, que mais não te compra
senão o que darias pelo resto.

— Bolso esquerdo!

Interno eterno, teu menino caminha,
por disfarce feito artista, os dias já sem ruas,
de novo feito jogo ante o assalto.

JOGO DOS AROS

No jogo de chegar primeiro à esquina
da rua de asfalto, da rua de pedra
— que importa ao menino? — ele empurra seu aro,
a mão embarrada ao atrito do pneu,
do círculo em ferro a soar nas calçadas,
os dedos aferrados ao puxavante
de arames torcidos nos tempos torcidos.

Agora, nós homens, vivemos torcendo,
a voz embargada ao atrito dos eus,
espinhas torcidas a troco de nadas,
dedos cruzados, torcidos, suplicantes:
que ruas nos restem, ao menos de terra,
e as raras belezas que ainda poupamos
nos sejam puxavantes, pelas calçadas.

LAVOURA

Do tempo, o discurso — que vale argumento?
Da flor, os ciúmes — das borboletas.
Da serra, o dente — navalha na veia.
Da foice, a curva — a reta do amor.
Da lima, o áspero — a dor, só, aplaina.
De tudo, o percurso — que é puro aprender.
Da vida, a fazenda — um planta, outros colhem.
De mim ou de ti — que é mais que semente?
Do tanto que vá — o escasso que baile,
Um nada que fique — e eis fértil, o chão.

LIÇÃO DE PORTUGUÊS

As soluções de continuidade
são mesmo um contrassenso, senhorita,
e as frustrações são delas cognatas.
O que é que foi menina? O que disseste?
Qual é, agora, a curiosidade?
Cognatos o que são? São derivados.
É. Abre aí o dicionário, sim?
São palavras que de uma outra vêm,
lições de vida que a vida suscita,
bem como agora... Exemplos? Cá os tens.
Folheia com cuidado o dicionário,
ele é de estimação de tua tia;
com quanto amor o tem ela guardado,
este livro precioso, sempre vário!
Como ensinar, sem ele, o português,
sem ser aula platônica, abstrata?
A língua serve a que a pratiques, ames,
há que falar correto, com amor...
Olha os exemplos, bem como quiseste:
Sal... salário... salitre... não salames!
De "cobrir" tens aqui escudo... cútis...
Pecuária, peculiar, provêm
de *pecus*, sabes? É "gado", em latim.

AMPULHETA

Casta, castidade, casto (ai de mim),
vêm todas, senhorita, do latim.
(Ouço umas portas...) Outro exemplo? Sim.
Idioleto... idioma...idiota... idiotia...
Ah, que bom! Enfim, na voz de idiotia,
tua tia acabou de dar o fora,
lá se fechou o bom portão, por fim!
A língua? É bom que se a pratique, agora.
Arquiva o dicionário, por favor,
ali, por sobre a mesa. E, de uma vez,
deixemos lá, de banda, o português
e retomemos a lição de amor.

METALINGUAGEM

A língua
como falo
te palavra:

refunde em tulipas
teus cacos de tédio

reúne teu caos
no puro sentido

suga-te a chave
do corpo e mistérios.

A língua
como falo
te palavra:

mudez ressurgiste
— e és toda linguagem.

MÓBILE

De móveis esculturas, tua face
crava em meus olhos a paixão da busca,
tuas mãos têm vales de terras negras
e até sei plantar
— mas onde as raízes?

Teu fado gravaste em notas secretas
de breves zigue-zagues,
longas curvas
— mas secante haverá que te permeie?

Posto em sossego outrora
— ausente amor —
as mãos desiberno tão mais febris
quanto mais funda,
em ti,
a concretude.

MULHER

Cada mulher que passa em minha vida
me deixa meia dúzia de poemas,
algumas cicatrizes, certas penas,
o tédio imenso de passar na vida:

a vida que me veio de uma delas,
a vida que outra me ensinou a ler,
e que outra, em raras ondas de prazer,
me duplicou em filhos, soltas velas.

Mambembe ator que sou, deixante a cena
sem mais ter dito que um silêncio espesso,
outra mulher me assalta, me devora.

Não sei por que, da vida tal senhora
somente no tocar meu tosco avesso
tem o poder de me tornar poema.

NAUFRÁGIO EM SOL MAIOR

Morrera o sol, em minha noite imerso,
que ainda ouro sob o céu te ornara.

O ouro todo achado no Universo
gastara eu, que em ti ouro restara
e em minha voz brotara feito verso
que em ti, pudera eu, mais garimpara
a desvelar em ti ouro diverso,
tanto mais puro quanto mais lavrara:
um pouco mais de ti, verso e reverso
deste mistério que em teus olhos para.

E eu, que me vira sempre submerso
na negritude em que me placentara,
por teus cabelos vira a luz, emerso
natimorto, em teus olhos naufragara.

NECROLÓGIO PRÉVIO

Eu nasci das águas, decerto as mais frias
do ser tropical,
e até pode ser que só por isto
me sirva de espadas versos,
me sinta assim estranho, desconexo,
posto a fazer seresta em meio ao carnaval.

Ser brando escolhi — me rasparam, fundiram-me
um cerne de rocha,
e talvez seja mesmo por isto
que sou bem pouco romântico,
que me acham hoje seco: é de perplexo,
por mais triste que esteja, minha mão debocha.

A sátira, senhoras! Puir os selos
que o tempo consome,
pois bem pode ser que o mundo visto
ao frio toque no avesso,
bebido sem rótulos, flor sem nome,
enfim se nos revele: em claras névoas, nexos.

Da morte não sei, que não me faço, em vida,
fantoche ou cordel,
e podeis crer: é justo por isto
que vos falo face a face
e morrerei de pé, não genuflexo
 — um tosco, sim, porém não torvo, o sangue em fel.

NITCHEVO

Não faço gasto em morares:
castelos há pelos ares
onde sou mordomo e dom.
    Não faço gosto em vestires:
    olhos tens com que admires
    todo o avesso — o meu, o teu.
Já não vivo de comeres:
que sabor num morto ser
se nem sei do meu, que é vivo?
    Não conto mais com beberes:
    em copas fecham-se copos
    ante o brinde — tantas vezes!
Já repenso meus falares:
palavras são doces feras
que meu pensar esquartejam.
    De saberes desiludo:
    sou insciente Universo
    a se expandir — nada em tudo.
Desconheço astrologias;
dos astros, quero as estrelas
em meu prato de parede,
meus alimentos normais
estrelas de sete pontas,
sete pontos cardeais,
muito mais que o Universo
— que tem quatro, nada mais.

NONSENSE

Palavras de sonho
passaram por mim,
chamaram por mim,
segui — e ficaram.

Palavras de amor
passaram por mim,
chamaram por mim,
busquei — não chegaram.

Palavras de tédio
passaram por mim,
chamaram por mim,
fugi — mas quedaram.

NOTURNO

Eu vi a noite ajoelhar-se compungida
e acender, no céu, os seus círios
ao dia moribundo.

Depois
lundu das horas, choros diminutos
dos nossos segundos —
em paz adormecemos, toda a vida,
o mundo, todos nós.

Nem todos, talvez. A desatar o nó das paralelas,
dos paralelos, das leis, dos selos e carimbos,
"gauche", anarquista,
minha sombra de notívago fecundou a noite
e dela nasceu um novo dia.

O ASSALTO

No dia claro, azul, a fortaleza vive.
Mulheres mulheram, homam os homens
exatos em seu jeito de sobreviver
entre motores, gambiarras e finanças.

No dia claro, azul, a fortaleza oscila
até que a corda bamba estique a seu limite
feito assalto final em notícia de morte.

No dia claro, eis o fortim sob o assalto,
um tanto a aproximar de nós a morte própria
— se é que tem, a morte, alguma coisa própria.

No topo da montanha a fortaleza vive
exato deste modo em que se sobrevive
— o dia, entanto, claro, não é mais azul.

O CORPO E A DÁDIVA

Doação ilimitada
no completo esquecimento:
criar coisas incriáveis.

Dividir-me ao infinito
por tudo em que me cresci,
pela mulher saciada,
pelo animal que me fere,
pelos irmãos que morri.

Usar línguas que não falo:
não me entendo, mas me entendes,
ou não me entendes, mas sentes.

que não me caibo em mim só,
que tudo tem voz em mim

que nem em ti me confino,
não topografo o Universo
em vagas linhas de mãos,
pois tão pequeno é o corpo,
e tão grande a doação!

O TRAPEZISTA DO SUSPENSE

Amor se faz de tudo o que não fere
no bom combate em que o vencido vence
e a vencedora a si já não pertence,
troféu da liça, que o vencido aufere.

Amor se faz do impulso que libere,
no amante, o trapezista do suspense:
o abrigo de outras mãos, quão mais se adense,
mais base ao voo livre lhe confere.

Chegara eu mais cedo a tal ciência,
em tempos verdes, sem manhãs de inverno,
talvez errasse menos. Paciência...

Por fim, abismo e nave, não aderno:
integro a meu saber minha demência
e aporto além, nostálgico de eterno.

ODE À LIXEIRA

Doutas balizas em meu caminho
de haver acessos a meu fazer,
dois telefones e uma lixeira
marcam princípios, também confins.

Lixeira terna, cruel embora,
tu nos dás conta de certo fim:
trabalhos, dias, riso e fadigas,
teogonias, fel e jasmins.

Aos telefones as vidas fluem:
amores, vício, canções, urtigas,
em todos nós, todos, se diluem
— ventos que levam são de trazer.

Pois nada passa: sou eu quem passa,
enquanto fico no bom que fiz
e assim como eu, vais tu, que me abraças
ou me escarneces. És voz, em mim.
Lixeira eterna, tu me recebes
e me assinalas o humano fim.

PAISAGEM VISTA DO TRONO

Assentada no seu trono,
mirando pelas janelas,
que terá visto a rainha
Dona Isabel de Castela?

Viu, por certo, esta distância
imediata, amarela,
de uma Espanha de toureiros,
de picassos e de francos
de quixotes e de sanchos
no vai e vem de Castela.

Deve ter visto florestas,
Riquezas quantas, belezas
percebidas no futuro
de um santo em pedra, barroco,
e em santinhos de pau oco
sonhares de liberdade
a voar de nossa mão,
galinhas de ovos de ouro
— sábio ovo de Colombo —
a marinhar naus de prata,
a levar todo um tesouro
a Fernando de Aragão.

AMPULHETA

Decerto, pelas janelas,
paisagens várias, de sonho,
pode ter visto a rainha
Dona Isabel de Castela.

PANORAMA VISTO DA CAMA

Preventivamente safo, descartado,
dispenso visitas de mala e de cuia,
réquiens solenes de quaisquer dias,
velas de olor, e notadamente
os abissais avisos nos jornais,
os cumprimentos.

Provisoriamente morto, meu corpo dorme
no tempo vivo.

Provisoriamente vivo no olhar que invento,
não porto machado
nem facas de farsas,
que mesmo em delírio já sei onde corto,
no punho ou no gume,
no cabo ou na cunha.

Definitivamente insone me pesquiso:
meu outro será meu duplo,
ou será o que não fui?

Doídamente alerta, sou leilão e lance:
eis meu penhor da lucidez
— a depressão.

AMPULHETA

PEQUENO ENSAIO DE HISTÓRIA HUMANA

E agora, José?

(Carlos Drummond de Andrade [1902-1987]
Poeta e escritor mineiro)

Julinho perdeu-se no mundo.
Regina perdeu-se do mundo.
Augusto perdeu o mundo.
Fabinho ganhou o mundo
a garimpar suas minas
em longas léguas gerais.

E agora, Neto, você,
você que não é José,
José tanto dos irmãos,
nesta pós-modernidade
em que mãos têm serventia
de possuir e contar,
quase nada de estender
— e agora, Neto, você?

PIRATARIA

Na areia deixados, sem mapas, meus ossos
— os que, à revoada dos abutres, me restaram —
ao mar me refaço, baú feito barco
da sempre partida.

Pirata do acaso, ao acaso pirata da sorte me arrisco:
enforco na verga meu fantasma
de terno de vidro e olho de palha,
a fria espada corto a linha do horizonte
e, ao contrário da luneta, eis lá que vejo
onde não aportar. O mais é viagem,
é cartografia.

Não sei de relógios, compassos do tempo,
nem mesmo de esquadros.
Daí, talvez, ser falto de medida esparsa,
permeável.

Por bem saber dos escólios das palavras,
de portos não sei e raro me ancoro
— mas sei de abordagens.

Disfarço em desdém os meus absurdos,
meu cravo tempero em ritmo dissoluto
e em nós a matéria se modula
no instante além do caos.

POÉTICA

Fingindo não saber que o existente
pouco mais é que impulso de escrever
criei que existe a vida, o que dizer.

Cortei do discurso toda palavra
que não fosse esqueleto,
essencial.

Das palavras restantes raspei a crosta
de incertas qualidades
— permeiam, agora, o fundamental.

No entalhe do verso, das emoções,
bani quaisquer amáveis condolências
por fracassos meus, alheias derrotas.

Matéria de ritmo, o sentido
há de fluir no curso natural
da trama do poema em que me existo.

PRÉ-PÓSTUMO

Para Lucinda Medeiros, sobretudo amiga, em seu dia 2 de junho de 1995

Não estou bem aqui neste meu corpo.
Nem mesmo sei por que, não estou bem.
Há nele alguma coisa desastrada,
um não sei quê perdido, ou nem chegado,
um modo estranho, torto, inusitado
de dominar no transe mais impróprio,
de emudecer no instante do discurso,
de manifestar-se no momento errado
— um corpo humano apenas, o coitado.

Sabei que em meu corpo não fico bem:
dele saí a procurar turquesas,
um nada achei valendo guardar;
por mim viajei buscando fronteiras,
mas como o infinito iria marcar?

Busquei habilidades ou talentos,
pouco atingi diverso, de notar;
no diletar filosofias várias
não mapeei, de seu rumo a cursar
ou destino que fosse meu válido
a me aplainar as interrogações:
sabendo-me cripta, urna me achei
— um corpo humano apenas, o coitado.

AMPULHETA

No experimento inédito — estar morto
no virtual de andar por entre os vivos —
os meus sentidos sentem meu sentido
nos grãos lançados na aridez da terra,
na violeta achada entre as avencas,
no dito pensado e nem sempre dito,
na palavra ofertada ao vento sul,
mão estendida sobre o fosso em treva.

Ouvi, vós que vivestes meu viver:
senti, bebei, cantai, bailai, amai
quando o fazer que eu sou ilimitar-se
de um corpo humano apenas, o coitado.

PROJETO

Ser voo quisera,
se azul fosses.
Humor me fizera,
foras riso.
Entanto, inexistes
— nada sou.

PROMENADE

Dans son bateau de lèvres
— mon tapis de rêve —
elle nous promène.

Et moi, moi qui dès toujours
m'étais déjà apperçu la solitude même,
moi, je ne suis plus,
alors,
le seul acteur sur la scène.

RELEITURA

Fluida Ampulheta,
das cinzas dou-me conta:

o tudo que conta
é coisa bem pouca

e nem faço conta
do que me falhei

exceto o fracasso
do tanto intocado
no corpo do tempo
que não penetrei.

Virada a Ampulheta,
delir o delírio é chave do gueto:

na matéria intermédia
dos troncos ao barco,
do porto ao escolho
no mar oceano,
a dorida releitura da derrota
da cinza ao barro,
à fruída Ampulheta.

AMPULHETA

RETRATO EM PRETO E CINZAS

> Retrato em branco e preto
>
> (Tom Jobim [1927-1994] e Chico Buarque
> Poetas e músicos cariocas)

Perdidamente achado no insensato
buscar de amor que sou desde menino,
tão mais sozinho e pobre me defino
quão rico e vário soe meu retrato.

Já não possuo corações intatos,
que os perdi todos, todos, nos cassinos
em que dão cartas dedos femininos
— jogos de amor, perfeitos abstratos.

Humanamente vago em meu destino,
divinamente feito anonimato,
navego a vida torto, clandestino,
até chegar, na morte, ao jeito exato.

ROL DE DÚVIDAS

Não serei o poeta de um mundo caduco.

(Carlos Drummond de Andrade [1902-1987]
Poeta e escritor mineiro)

Não. Não sejas o poeta das certezas,
se delas não sabes, nem mesmo as aprecias.
Que vivam as dúvidas que te fustigam,
que te castigam e tanto te fatigam
todavia te demonstram procurante,
para lá do simples ser sobrevivente.

Supera as certezas. Se alguma te assalta,
por muito bem que te faça ao coração,
sacode-a logo, bem como merecem
até as fadas boas, mas solertes,
que venham tentar-te à acomodação.

RUPTURA

A mulher que eu nela amava,
daquele jeito sonhado,
melhor dizendo: sonhante,
não era, é pena, a mulher
que na verdade ela era.
Não que ela fosse arrogante,
desgraciosa, sequer,
que tivesse um jeito airado,
jeito que faz não querer
mas vai querendo e tomando,
vai chegando e avassalando
— porém não era A Mulher...

SEM QUARTEL

> *Não tenho noção de tempo...*
>
> (Aluísio Peixoto Boynard)

Não tenho noção de tempo,
Nos becos em meio a guetos
deste viver viageiro
sou eu, de fato, quem corre:
o meu passado é agora,
que já outra coisa sou.

De presente que sei eu,
se mal me pego pensando
e tudo em mim já mudou?

Em futuro — quem nos sabe? —
mal vale a pena pensar,
pois já se foi, mal chegou.

Não tenho noção de tempo.
Na vida que nos fustiga,
soada, a voz não ressoa;
aperto o passo, mas fico
e em todo o feito não faço
mais que um silêncio devasso
que diz de um tudo: fracasso,
humor às vezes, cansaço,

AMPULHETA

amor quase sempre doido,
a poesia atingível,
mudez, consolo, arrepio.

No tempo que nos acossa
 eu — que dele pouco sei —
não sei de ninguém que possa
de fato ser mais que um ponto,
ecos de si, pouco mais:
projetos, um naco, um traço
na superfície do vento.

SINESTESIA

Sentidos têm mais sentido
do que o sentir imagina.

Mais que tons, a cor do mar
tem cheiro de céu azul
na tarde branda, sedosa
— ócio, sim, é meu negócio
na hora de vadiar:
o verde viver que é dela,
assim de lado, a meu lado,
é cetim feito sonata
para flauta e bandolim,
mulher e homem perdidos
na hora achada verdade
em que até cor de pecado
tem odor de santidade.

Sentidos têm mais sentido
do que o sentir imagina.

SOCIEDADE DE CONSUMO

Ontem é o passado mais remoto,
a pré-história de agora,
e a hora que corre
já nada mais é.

Não há nada a ver, ouvir, fazer,
por isto me isolo em ser milhões
nas telas em cores da aldeia global.

E é justo por isto que nas boas festas
os donos do mundo me mandam seus brindes
ao homem feliz:
alheio,
burro,
sem passado.

SONATA DA CASA

Andante

Na concha da casa,
com seus braços de telhas
pendidas
e facas de chuva,
o homem reparte a vida
em rações de abandono.

Largo

Deserta a casa:
esta alma devastada,
as mãos em teias,
incertas pedras sobre o campo em cio.
E, no vazio,
depois que o amor se foi te resta o amor:
a convicta solidão da casa
abandonada às noites sem manhãs.

Allegro con fuoco

Pela cintura o fogo toma a casa,
línguas roxas lhe mete nos ouvidos
de janelas tombadas
e a faz bailar de louca,
na madeira a saciar as fomes
de milênios.

SONETO DO PORRE

> *Nós todos, animais, sem comoção nenhuma,*
> *mijamos em comum, numa festa de espuma.*
>
> (Soneto de intimidade, 1937 —
> Vinícius de Moraes [1913-1980]
> Diplomata, poeta e músico carioca)

Juntos bebemos, bem como se apruma,
em sobressalto, o bêbado cadente
a cada calafrio, em dor candente
a cada chaga que o viver exuma.

Mijamos juntos, num festim de espuma,
ao som de nossa dor inconsciente
por entrever, nas dores conscientes,
dores além, caladas uma a uma.

E assim vivemos, crendo que vivemos,
e assim morremos sem ousar arrojos
— que, malnascidos, mortos nos achamos

se em puro orgasmo não nos fecundamos,
roxa alquimia entre tédio e nojos,
e feito amor-perfeito florescemos.

SUBÚRBIOS

Há que armar-se em paciência,
e mais além, simpatia,
ao percorrer estas ruas
de casas tão semelhantes,
mesmos bares nas esquinas,
crianças das mesmas caras,
vizinhas das mesmas queixas,
os jardins das mesmas flores,
mesmos ecos de novelas,
o mesmo jogo de damas
dos mesmos velhos sentados
à mesma varanda azul.

Muito mais que geografia,
é preciso ver com arte
este homem tão incomum
em seu ser lugar-comum
nos subúrbios deste mundo,
nos subúrbios feitos mundos
mesmo em fotos de folhinhas,
mesmo na fria mesmice
do efeito das frases feitas,
mesmo em naves — solto espaço —
num mar do mundo da lua.

AMPULHETA

TELEFONAR, DOMINGO À TARDE

Março 1976, abrindo um silêncio até agosto-setembro 1978

A solidão dos ursos sobre o gelo,
tão brancamente envoltos
em brancura.

A solidão dos ossos de um camelo
assim jogados,
meio sujos,
num canto do deserto.

A solidão dos mortos sem consolo,
sem fita,
sem missa
nem luto
— quem vela?

A solidão daqueles que perguntam
por guizos e rumos
nos urros dos estádios,
nas celas dos mosteiros,
nas curvas dos astros,
na fala dos poderes,
no pranto das novelas
— por favor!

A solidão solene da procura
na palma encolhida
em pleno Sol.

Na tarde domingueira,
como em todas,
o telefone que chamaste ecoa
e volta sem "alô"
e sem *alohas*,
e a solidão litúrgica das tardes e das noites de sempre
te incendeia,
e vivamente sobe,
se espirala,
e em ti ressoa.

TELEFONAR PARA O IRMÃO MORTO

Quisera saber o que tens pensado,
se já te livraste da ciumenta,
se tens encontrado os nossos amigos,
se já musicaste aquele poema
— coisas assim.

Quisera ligar-te e dizer deste dia
que é seis, fevereiro
do meu ano quarenta,
jogar chope dentro e conversa fora,
falar das idades, das modernidades,
louvar a cultura tecnológica
— entanto olvidaram, no videofone,
 a tecla indicando o sinal "infinito".

TOCATA E FUGA

Ao vento da tarde as folhas se tocam.
Longe, em tom menor, um piano toca
os meus sentidos na corda mais tensa.

A campainha toca.
Espio cara torta de carteiro
— cartas, mesmo, não: comerciais.

O telefone toca, toca, toca.
Inutilmente atendo
— desculpe, meu amigo, foi engano.

O rádio toca.
Toca a sineta a soltar as molas das crianças,
à porta da escola.

O sino toca.
Toca a buzina.
O realejo toca
na festa infantil.

Toca a sirene
— o fogo, lá fora de minhas ideias,
onde será?

AMPULHETA

A bola toca as redes dos homens,
porém não toca a mim, vibrar por eles.

O velho das muletas toca o seu saxofone
à boca do metrô (*).

No carro quase roubado o alarme toca,
toca, toca, toca.
A televisão toca as raias da loucura.

Os extremos se tocam.
No infinito haverão de se tocar
até mesmo as paralelas.

Somente não te toca o amor
que a mim toca, ai, me toca
te ofertar.

(*) O personagem em questão chamava-se Ademir Leão e trabalhou com seu saxofone por 27 anos no Largo da Carioca, Rio de Janeiro, ficando muito conhecido na cidade.

WELTANSCHAUUNG

> *Louis 1er [...] Louis XVIème ...*
> *Qu'est-ce que ces gens-là*
> *qui ne sont pas foutus*
> *de compter jusqu'à vingt?*
> *Les belles familles (Paroles)*
>
> *(Jacques Prévert [1900-1977]*
> *Poeta e escritor francês)*

Mein konkretes Weltbild,
la sua visione del mondo,
her world's insight,
leurs visions du monde,
vuestra visiónes del mundo,
nossa visão do mundo
— qu'est-ce que c'est que ces gens-là
qui ne sont pas foutus de se rendre compte
des aperçus du monde chez les aveugles?

POESIAS DE
CARLOS FERNANDO GALVÃO

ABRAÇO

Para Bárbara.

Sentado em um bar
Distante de casa,
Perto de você.
No aconchego,
Me retiro do mundo.
Abraçando a flor,
Beijando o sorriso,
Reinvento o momento.
Crisálida de vida,
Meu dia muda;
Mudo eu fico
E recebo a flor
Aconchego-me!

AGONIA

A vida segue seu rumo e não me nota.
Noto que não me pareço com o que imaginei.
Embora tenha sonhado com voos infinitos,
Voo a esmo, dando rasante em um "eu" distante.

> Disto da minha suposta essência, que não existe,
> Existindo como um epifenômeno de meu espelhamento,
> Levando, por destinado, o desatino que me emplastra na imagem
> Cuja distorção me turva os olhos, as ideias e o coração.

Para onde se encaminha este ser disforme e baratinado
Que erra na forma, até mesmo quando acerta no alvo?
Por que fazer da imagem, este *alter ego* narcísico,
A Medeia cuja vingança é ser, exata, ela mesma?

> A nau de *Caronte* trafega pelas águas desse Tártaro,
> Singrando o Estige e o Arqueronte, dividindo mundos,
> Destruindo as esperanças de quem se vê embarcado,
> E conduzindo os desafortunados, sob as risadas da imagem.

Em outra história, qual outra imagem, *Utnapishtim* desponta no horizonte,
Mostrando que, apesar dos dilúvios, salvação existe.
Quem ou o que você salvaria: a você ou a imagem que insiste em fugir?

Faz sentido cindir-se em dois, quando sequer como um você se percebe?

> O que fazer no limiar da agonia de não saber o que fazer?
> Como fazer isso se você nem sabe se vai acontecer a profecia?
> Quando fazer o que você desconfia que também não vai lhe agradar?
> Por que fazer qualquer coisa, se o que fizer, poderá não se sustentar?

Imobilizado me sinto, como quem segue as pegadas do Curupira.
Fugindo do Boitatá ou buscando a Iara para no rio mergulhar.
Empenho-me para quebrar o espelho da imagem que não alcanço,
Tentando fazer emergir, a fórceps, o que busco: um novo caminho.

ASSANHADINHO

Para todos os que se descobrem um pouco na paquera, mesmo tímidos.

Assanhadinho eu posso ser
Ou devo ser acanhadinho?
Acanhadinho desperdiça o seu prazer
Ou o seu prazer suplanta o do assanhadinho?

    O acanhado não é ousado
    E por isso não vai em frente.
    Mas será a prudência, um triste brado,
    Que o acanhado não desmente?

Nesse embate vai o assanhadinho
Com emoção e adrenalina.
Passa pelos risos de menininho
E mergulha fundo na sua menina.

BALANÇA

A Balança que pende
Nos altera e nos prende
Nessa eterna gangorra
Enclausurada em masmorra.

    Labirintos para cima conduzem
    E suaves faíscas reluzem
    Mostrando um caminho a seguir.
    Mas será por ele que devemos ir?

Se formos, podemos perdê-lo.
Mas se não formos, como sabê-lo?
A vida mostra, num instante,
Um mundo para nós distante.

    Cuidado no trajeto é vital,
    O contrário é mortal.
    Nossa trilha devemos iluminar
    Para lá de cima não despencar.

Contudo, às vezes é inevitável
E o despencar pode ser saudável,
Pois, com ele, ao cairmos
Só nos resta do abismo subirmos.

AMPULHETA

Do fundo do poço não passamos
No limiar da loucura ficamos
Desespero e angústia nos vêm...
Nesse instante, alento nos convém.

Alento vem de quem amamos!
São muletas, mas também os levamos
E numa troca infinita,
O amor nos acalma e agita.

A Balança ao pender
Não nos quer ofender
Quer apenas mostrar
O melhor rumo a tomar.

BREU

> Para os adolescentes e jovens que desencantam para os amores da vida.

Negra flor que me contagia
E anuncia
Minha alegria.

Extasia.

Fico bobo só em te olhar,
Qual criança que vê doce,
E me contenho, para não te tocar.

CACHINHOS 2

Para minha mulher, Bárbara.

Em tempos outros, andava a esmo pelo corredor...
Andava e me encantava com cachinhos a desfilar,
Andava e sorria com o seu andar
E gostava ainda mais quando virava, com certo ardor.

    Imaginava os cabelos me embalando
    No chacoalhar de sua revolta,
    No fervilhão do espreitar você desfilando
    Atiçando-me na ida e na volta.

Hoje, são sete anos completos
De uma convivência cheia de dedinhos:
Do corredor ao quarto, ficamos repletos;
Do quarto ao corredor, construímos nossos ninhos.

CURTO O CIRCUITO

Olhando as cidades do alto, de cima, de um avião.

Comprimindo a visão, vejo casas, infiro vida;
Parecem um circuito eletrônico em ação.
Lembrando que as gentes vivem na corrida,
Penso no desperdício de tempo, daqui, do avião.

    Encurtando as distâncias, estendo o coração
    Para os horizontes de minh'alma
    Que mergulha na imensa vastidão
    Do céu de anil cuja visão me acalma.

O avião discorre no nobre tapete azul
E vou com ele, de corpo e alma na imaginação.
O corpo segue para o norte e para o sul,
Mas a mente? Ah! Essa não tem limite, não!

    Percorrendo as entranhas dos componentes que vejo
    Suponho entender o curto-circuito da vida urbana.
    Sentindo cada drama, com seu lampejo,
    Que magoa tanta vida humana.

Penso, contudo, na vida que tenho: quanta paixão!
Não me queixo, no fundo, de problema fortuito.
O trajeto, eu faço e percorro, sem ilusão;
É difícil, mas curto o circuito!

DESPERDÍCIO

Sobre o que sinto quando penso no meu trabalho (escolhas e fatos).

Honesto, leal e muito bem formado,
Mais pareço um trono velho do império:
Bonito, mas relegado ao exílio do almoxarifado
Como se fosse uma relíquia, um impropério.

    Tenho defeitos e cometi erros, mas injustiçado,
    Vejo desfechos ruins e portas fechadas
    Como quem leva a vida desperdiçado
    Nesse turbilhão de banalidades edulcoradas.

Por que não me chamam? Preferem-me subutilizado.
Parece que não tenho serventia:
Esquecido, então, sinto-me amargurado.
Difícil manter o humor e a simpatia.

    Sofro a contínua angústia, por destinado,
    Do esquecimento e por colecionar tostão,
    Levando-me a vagar como zumbi, amuado,
    Embora possa produzir milhão.

Vivo e morro todo dia, toda vez,
Quando penso no quanto me desprezam.
Morro, mas revivo com a esperança e a altivez
Que a dor e a experiência me delegam.

ERUPÇÃO

Que boa sorte, que bela surpresa,
As muitas vestes castradoras que cortava com firmeza
Para mudar a vida na superação dos limites artificiais
Com suas estruturas delirantes, como torrentes em mananciais

    Inebriando os sonhos com fantasias,
    Delirando os gestos com alegrias,
    Frustrando a realidade com fraturas,
    Explodindo os seres com fissuras.

Emerjo como as lavas de um grande vulcão
No momento exato de uma estrondosa erupção
Que o faz explodir em festa, com alegria e prazer,
E traz a Morte, sorrindo, a me dizer:

    — Venha para mim, meu parceiro de vida,
    Sei o quanto você me evita, na volta e na ida.
    Venha logo e me abrace, sem temor,
    Porque não quero o seu fim, quero o seu fervor.

Estranhando o inesperado convite
Fito-a bem na face, mas com certo requinte.
Olho a Morte de soslaio e com desconfiança
E respondo com cautela e temperança:

AMPULHETA

— Minha cara, inusitada é a sua fala.
Se nada respondo, você age ou cala.
Bem pouco comum este seu desejo.
De todo modo, vem e completa seu gracejo.

Digo e fico parado, contemplativo.
A Morte me abraça, esteja eu inerte ou ativo.
Calo-me e respiro fundo, esperando o momento
Em que ela me enlaçará em seu manto, sem tormento.

— Não te quero agora e nem tão cedo, relaxa!
Da vida sou amiga e não cobro sobretaxa.
O meu abraço, acredite, é para que viva,
Pois de ti, espero muito, não que apenas sobreviva!

Ouço e reflito. Sinto e ponho-me em movimento.
Avanço com ousadia e passeio sem sofrimento.
Arrisco como nunca, mas não perco a razão
Despedindo-me da Morte, com alguma emoção:

— Morte ou Vida, tanto faz, ambas estão em mim.
Vim de uma, irei para outra, como a semente e o jasmim.
Assim sendo, aceito com gosto seu regozijo, Morte,
E abraçarei a Vida como uma igual, bem forte!

EVANESCÊNCIA

Poesia pelo aniversário de Bárbara, flor única do meu jardim.

Vinda de outra Era
Com sua alegria a explodir,
Mesmo submersa, ela abre cratera,
Neste mundo e em seu porvir.

    Faz-se agora, no turbilhão,
    De remansos e torrentes,
    Cuja vida busca a razão
    De tanto mal, de tantas gentes.

Chega mansa, se aninha,
E no meu colo, quer carinho;
Se aconchega e não sai da linha
Da vida em paz, em nosso ninho.

    Vive com tanta intensidade
    Que tranquila permanece.
    O tempo passa, mas não a bondade,
    Dessa mulher que só se enobrece.

Vivo um dia de cada vez;
Vivo o momento, que não evanesce,
Abraço minha mulher e sua altivez.
Beijo-lhe a boca e ela enrubesce.

AMPULHETA

Em seu dia de festejos,
Apesar do momento triste,
Comemoro com ela, seus lampejos
De momentos calmos e vida em riste.

Sigo, então, neste caminho louco
Que a vida nos brinda, sem avisar.
Para não fazer ouvido mouco,
Atendo ao seu chamado para viver e amar.

FESTA

Para minha mulher, Bárbara.

Canto a vida com alegria
Porque hoje é dia de festa.
Alegro minha vida com sua energia
E olho o mundo por essa fresta.

    Sigo meus dias encantados:
    Existir não é apenas o que me resta.
    Vejo seus olhinhos enamorados
    E faço disso, a minha festa.

Não me alongo neste poema
Porque você já é minha poesia.
Sua "doideira" não me deixa em dilema:
Amo você de noite e de dia.

HORIZONTES

> *Vendo os "lençóis" de nuvens e lembrando de Bárbara.*

Olho do alto, em voos de Ícaros
A pequena janela limita o quadro,
Mas o flanar da alma me leva aos píncaros
Como se, na vida, houvesse vida pelo esquadro.

    Decolo neste voo para destino certo,
    Muito embora a certeza seja a ilusão
    De que sempre sigo o rumo do deserto
    Onde alegria e tristeza se transformam em vastidão.

Aterrisso do voo que me tirou do meu lugar,
Acabando com o conforto da constância
E me conduzindo para o além-visão, meu novo espaldar,
Onde descansarei e reconstruirei meu novo corpo, nova relevância.

    Da vida que existe, esperamos paixão,
    Amor à arte e aos seus.
    Da vida que subexiste, prevejo tensão;
    Momentos difíceis, não os quero meus.

Olho absorto e tranquilo pela janela
E refaço meus apontamentos.
Olho de novo e penso nela
Construindo, na vida, nossos adereços.

Onde chego, onde pouso, novamente me enquadro;
Não me engesso em mim mesmo
Para não desperdiçar o novo quadro
E não deixar a palheta a esmo.

Desafios? Eles nos movem.
Então, que venham! Quem venham aos montes!
As obras de arte sempre nos comovem;
As obras de vida são nossos horizontes!

INADAPTADO

Sinto-me, por vezes, não muito amigável,
Como se a alma desprezasse o corpo
E saísse a vagar por aí, pouco afável,
Singrando mar distante, sem porto.

    Do pontual, vou ao infinito, mas tenho que voltar.
    Retomando a ligação quase umbilical,
    Dos entes que o acaso, ao decidir o que ia me dar
    Legou a este ser estranho, quase frugal.

Não me vejo nesta sopa de letrinha
Em que as pessoas chafurdam existencialmente,
Nominando rostos sem expressão, sem linha,
Rotulando cada um, especificamente.

    A vida segue e eu, desorientado, me retiro
    Ou sigo a vida, acorrentado e em turbilhão?
    Guio-me, sem saber de onde vem o tiro,
    Apostando na sorte que chega de supetão?

Sinto e penso de modo pouco usual,
O que me faz seguir um tanto aleatoriamente
Neste mundo que muitos querem por demais igual,
Mas não importa: vivo intensamente!

Vejo-me, assim, como um ser volátil,
Cuja vaga inunda o barco imaginário
Transformando-me em um ser versátil,
Autoaprisionado neste mutante cenário.

JUNTOS

Poesia pelo aniversário de Bárbara (15 de abril) e a partir do qual a pedi em casamento.

Dia de festa, dia de sorriso,
Viajo na luz da sua alegria.
Noite de gala, sem improviso,
Me vejo, de novo, em harmonia.

    Cavalgo por estradas várias
    Com o luar que emana dos seus olhos.
    Passeio pelas muitas vielas contrárias
    À tristeza que me tira os antolhos.

Aporto na candura que me acolhe
E que dista do frio que me assalta,
A um palmo do infinito que me recolhe
No balanço do seu corpo que à vista, salta.

    Ando por aí, no mundo dos sem volta,
    Mas com você, flano e me aprumo.
    Deslizamos pelo nosso multiverso, sem revolta,
    E juntos, reafirmamos novo rumo.

LADEIRA ACIMA

A gente caminha e se esgarça,
A gente faz o traçado da desgraça.
Andando a pé, não vou tão distante,
Mas correndo a esmo, sigo errante.

    Percorrendo o labirinto dessa vida
    Cujo traçado só vejo na ida.
    Vou entrando nos meandros e nos cantos
    Que me deixam perdido e aos prantos.

Desânimo, contudo, não me afeta
Porque tenho garra de atleta
Para vencer as barreiras dessa corrida
E não me deixar abater com desdita.

    Assim sendo, sigo o rumo com afinco
    De quem vê o infortúnio como pequeno vinco
    Que na pele deixa sua marca feroz,
    Mas que, no coração, passa batido e veloz.

LE CHEMIN

Un jour, je suis né.
Où le soleil est trop habituel,
Où les gens sont très jouyex.
Je suis d'une belle ville.

    Les choses que j'aime
    Sont les choses que plaisent à mon âme.
    J'adore le sourire de ma fille
    Est l'amour de ma femme.

Le fourrage qui couvre ma vision
C'est le même que celui indiqué
Le chemin que j'ai perdu.

    Mais, la vie que j'ai choisie
    C'est une magnifique cascade
    Comme moi, à l'océan, elle aime courir.

MYSTERY

Sometimes, I just don't know
Why things happen the way they happen.
Sometimes, I think it would be awesome
If things change their faces.

    People don't feel happy
    When their lives become sad,
    When their desires don't realize,
    No smiles, no kindness; it's bad.

I see myself in a mirror;
I think in my life, but I forget:
My life is not a clear sky
Where I land without regret.

    Absorbed in the path I build
    I remain in my thoughts
    Creating new worlds, a new field,
    Where I plant my big tree.

I don't know, exactly,
What I must do,
But it doesn't matter:
The mystery remains; perfectly.

PENDOR

Quem vive a vida na incerteza
Vive o incerto que não expõe a beleza
Da boa vida, cuja precisa destreza,
Extrai, cirurgicamente, o sorriso da avareza.

    Para enfrentar o egoísmo e o desafeto
    Trago em mim, rígido como concreto,
    Os princípios belos que me guiam, por certo,
    Nos caminhos que escolhi neste deserto.

Seguindo o rumo, qual voo do Condor
Que abre as asas com todo o esplendor,
Explodo em majestade que, pelo andor,
Me leva a flanar em ventos revoltos, mas com amor.

PERCURSO

Vivo o momento avassalador
Que me toma por alienado
Desejando conduzir o meu andor
Ainda que tenha vindo alquebrado.

    O percurso que não satisfaz
    Deixa marcas que me castram
    Desconstruindo o que me apraz
    Cujas dores não se gastam.

Em dilema me sinto, pois,
Sucumbo ao imposto e persisto
Ou deixo a vida para depois
E, sem jeito, luto e resisto?

PERMANÊNCIAS

Dedicado às pessoas que se vão desta vida, e a quem por aqui continua a jornada.

A vida continua no olhar de quem fica
Ao ver a vida que parte, mas que permanece.
A perenidade dos queridos dignifica
O coração de quem ama; rejuvenesce.

    A gratidão de quem nos amou
    Dá a nós a força que nos faz seguir em frente,
    Acertando e errando, levando o que sobrou
    Do resto de nós, que reconstruímos na mente.

As ações que realizamos na vida
São aquilo que verdadeiramente importa,
Para não estancarmos, logo na ida,
Como quem não planta e estraga a horta.

    A colheita, a gente faz dia a dia,
    Regando o coração e a cabeça;
    Fertilizando a alma, com alegria,
    E não deixando que tudo se esmoreça.

RECONSTRUÇÃO

Vejo o futuro como uma possibilidade:
É possível ser diferente,
É possível não ser e ter qualidade,
É possível ser nosso próprio referente.

    Um caminho novo é traçado,
    Uma dificuldade nova nasce,
    Um enlace novo é reforçado,
    Uma ternura nova renasce.

Não me trate como sua imagem,
Trate-me como meu próprio reflexo.
Vou a você com minha roupagem,
Venha a mim sem trato desconexo.

REDOMA

Para mim mesmo e para todos os tímidos do mundo.

Eu sei que você em mim não crê,
Porque talvez crível eu não me faça.
É claro que desconfiança há no que se vê,
Mas o mistério, quem sabe um dia, se desfaça.

(SEX)TA-FEIRA

Para os amantes da boemia.

Friday I´m in Love.
(Música do grupo britânico de rock "The Cure")

Sexta-feira, sexta-feira,
És um dia especial!
Brindo à vida desordeira,
Que me dá um ânimo sem igual.

    Neste dia tão aconchegante
    De vestidos e de perfumes,
    Vivo meu êxtase delirante
    De olhares sem queixumes.

Dia e noite eu me perco
Nessas formas que tanto desejo,
E me acho no meu cerco
De meu *ser* que não despejo.

    Mas que coisa envolvente,
    Que delícia é o sorver
    O perfume de uma rosa reluzente,
    Ou o charme de meu querer.

Nas sextas-feiras eu me acabo
Ao me permitir a explosão
Do querer no qual desabo
Para renascer como paixão.

SUBVERSO

Conto uma história que não é minha
Vivendo a grandeza que a ilusão permite,
Refestelando-me no subverso que existe
E comigo disputo a vida, sem medo da rinha.

    Neste enredo bizarro que, sem querer, escrevi
    Não paro de me decepcionar com o carbono
    Que tira cópias imperfeitas, no outono,
    Sem perder a esperança no verão porvir.

Venha vida, com amargura e alegria!
Traga o seu beijo que me aquece
E muda a estação com maestria!

    Sigo eu, assim, nesta toada, com mazelas
    Vou pelo caminho torto que tracejei
    Parando aqui e ali, mas caminho, com todas elas.

TERNURA

Para minha mulher, Bárbara.

Feliz por te ver e te tocar
Me vejo na ternura do teu olhar
Que me faz querer deitar
E viver sempre assim, a te amar.

    Feliz por não ter o que não quero
    Olho para minha vida hoje e, sendo sincero,
    Percebo que renasci e por isso espero
    Que a magia não se desfaça, mas não te onero.

Feliz simplesmente por estar feliz,
Quero o teu sorriso que me diz
Que a tua vida está como você sempre quis.
Quero ouvir também: me refiz!

    Feliz com você, enfim, me sinto,
    E mesmo quando distante, não me ressinto.
    Minha mulher, te procuro e te pressinto
    No enlace que me leva ao teu recinto.

VESTIDINHO

Homenagem à roupa feminina de verão.

Vestidinho é tentação
Para namorado meio tarado.
Vem e vai, com emoção,
Vira e mexe, fica ele alucinado.

    Com vestidinho a namorada fica
    Assanhadinha e animada;
    Se enche toda e ratifica
    Sua sede de ser amada.

O vestidinho é adrenalina pura
Para quem quer se desmanchar,
E com carinho e gostosura,
Vivemos todos a nos devorar.

VIELAS

Para os nossos filhos, continuidade da vida.

Alvorece a flor resplandecente
Desabrochando para a vida em cores,
Mantendo o sumo que jaz incandescente
Do eterno ciclo das alegrias e dores.

Abre os olhos, o botão nascente
Renovando a esperança com os novos sabores
Do prato raro que é o ser vivente
Perfumando o local com seus odores.

Segue o rumo que a vida traça
Ziguezagueando como todos nós fazemos,
Esgueirando-se, com toda graça,
Pelas vielas por onde iremos.

O murchar da flor que germinou
Mantém o jardim em sua perenidade.
Alegrando a casa que a flor enfeitou,
Com o broto que aqui ela deixou.

AMPULHETA

XADREZ

Pela paz no seio (sem e com trocadilho) do casal.

Tristeza é o nome de nossas brigas
Quando emudecemos de tanto falar
E falamos tanto que não nos ouvimos
Ainda que ouçamos o silêncio que nos agoniza.

    Agonia é o que sinto quando você,
    Sem mais cerimônia, me cobra tostão
    Quando fortuna acho que te dou no gesto
    E penso estar agradando: ledo engano.

Enganado fico se acredito em mim
Achando que acertei no fazer.
Mas fazer apenas é pouco
No momento em que você quer falar.

    Falo pouco porque falador não sou.
    Até mesmo por preguiça, me calo,
    E, retraindo-me, em mim, me fecho,
    Não sem antes cuspir farpas.

Farpado é o terreno no qual vivemos,
Machucando os dois, inutilmente.
Por que fazemos isso, um com o outro,
Se, no final, de nada adianta.

Adiantando os lances de cada um
Mexemos as peças precipitadamente,
O que mostra a nossa jogada
E leva o outro a fazer o mesmo.

Essa mesmice retira a graça do jogo
Porque, não podendo mexer no tabuleiro,
Alteramos a posição dos jogadores
Distorcendo a jogada, sangrando as peças.

Peça o que quiser, o que precisar,
Só não despeça os jogadores
Que perderão muito sem o "adversário"
E um duplo xeque-mate virá, então.

ZELO

Para as mulheres maravilhosas que cuidam de nós, homens.

Segue em frente, meu destino,
Você me cura e me mata.
Cuida bem do seu menino
Que da vida faz bravata.

    Mãe ou esposa, amiga ou companheira,
    Não importa qual me trata,
    Minha vida é bandalheira
    E sem você é muito ingrata.

Doce amada, fogosa gueixa,
Me perco sempre em suas curvas
Mas eu adoro! Não há queixa!

    Mulher, eterna e linda formosura,
    Através de seus encantos
    Me liberto em sua clausura.

PEQUENO GLOSSÁRIO

Diletar – neogologismo do autor, originado palavra "dileto", ou seja, aquilo ou aquele de se estima ou se gosta muito.

Emplastrar — aplicar; colar.

Utnapishtim — personagem mitológico da história sumeriana chamada "A epopeia de Gilgamesh". Este **último** foi o Rei de Ur e procurou Utnapishtim para obter o sucesso da importalidade. Utnapishtim salvou-se, como a família e vários animais, tal como Noé.

Edulcorar — tornar doce e/ou suave ao paladar ou, figuradamente, a outro sentido; amansar.

Regozijar-se — alegrar-se; contentar-se.

Chafurdar — macular; revolver-se em.

Supetão — movimento rápido e inesperado; impulso repentino; súbito.

Sorver — beber aspirando, lentamente, em pequenos golpes, saboreando.

Refestelar-se — lançar-se ao prazer, ao deleite; comprazer-se; deleitar-se.

Astrolábio — instrumento náutico esférico, com graduações, para observar e determinar a altura e a posição do Sol e das estrelas, em geral, medindo a latitude e a longitude, ou seja, a coordenada geográfica de um lugar.

Cântaro — vaso de barro ou de metal, com bojo largo, para transportar líquidos vários.

Cinzel — instrumento manual que tem em uma extremidade uma lâmina para esculpir.

Desapercebido — desprevenido; sem provisão; desprovido de preparação.

Apercebido — prevenido; com provisão; preparado.

Despercebido — algo que não se nota, que não foi percebido.
Anulante — que se anula.

Mó — pedra grande, dura e circular, de altura variada, com que se tritura os grãos nos moinhos, girando-o sobre outra pedra; também pode ser uma pedra pequena e circular com que se amolam facas.

Esquizo — dividido; desagregado.

Hirto — teso; duro; sem flexibilidade.

Mefisto — diabo; demônio; anjo mau.

Samburá — cesto bojudo, de boa estreita, normalmente feito de cipó.

Solerte — que ou aquele que **é** sagaz e astuto; aquilo ou aquele que procede com desembaraço; diligente; hábil; também pode ser sinônimo de espertalhão ou velhaco; desonesto, ardiloso; manhoso.

Guantes — luva em espanhol.

Lundu — canção popular de origem africana.

Teogonia — narração do nascimento dos deuses; conjunto de divindades de um povo.

Fel — substância secretada pelo fígado, de gosto amargo.

Olor — odor; aroma de cheiro suave e agradável.

Escólio — comentário feito para servir ao entendimento dos autores clássicos; breve anotação sobre um texto, com a finalidade de explicá-lo.

Dissoluto — decomposto; que foi dissolvido.

Avenca — tipo de planta que, segundo a crendice popular, espanta mau-olhado.

Escolho — recife; abrolho; pequena ilha rochosa.

Dorida — dolorido em espanhol.

Olvidar — perder a memória de algo ou de alguém; esquecer-se.